나는 어싱족

시인의 말

덕분에 2025년 초봄부터 늦여름까지
일상이 여행이었습니다.
사진을 찍는 순간부터
사진 속에서 시간이 박제되는 순간까지
숨을 멈추고 그 안에 머물렀습니다.
멍하니 바라보면서 그저 바라보면서
존재의 의미를 느꼈습니다.
낮은 마음으로 뜨겁게 사랑했기에
충분히 행복했습니다.
나를 위해 어디든 동행해주고
모든 순간 무음, 무색으로 기다려준
남편 성시현에게
감사와 사랑을 전합니다.

2025년 늦가을
김파란

차례

시인의 말·07

1부 너는 나의 홀씨

신신당부·12 / 배흘림기둥이 되다·13 / 원형·14 / 한의원에도 바다가 있다·15 / 남자가 여자를 사랑할 때·16 / 연기대상 브라운 카펫·17 / 청어람·18 / 호박꽃 엄마·19 / 짝사랑·20 / 애주가의 휴가·21 / 너는 나의 홀씨·22 / 환생·23 / 끌어당김의 법칙·24 / 남편의 재능·25 / 행복이란?·26 / 자식·27 / 상처·28 / 그리운 어머니·29 / 붉은 소나무의 장례식·30 / 낙동강의 얼굴을 새기다·31

2부 봄이 오는 방법

봄이 오는 방법·34 / 꽃보다 더·35 / 밤새 잘잤니·36 / 참을 수 없는·37 / 품다·38 / 떼·39 / 수평선은 곡선이다·40 / 스펙트럼·41 / 눈꽃 당신·42 / 잘가 페르소나·43 / 괜찮아·44 / 소포클레스의 비극·45 / 파란 리본·46 / 끝없는 사명·47 / 이슬·48 / 아버지·49 / 황홀한 고백·50 / 회귀본능으로·51 / 달의 집 태우다·52 / 고비 사막 낙타·53

3부 천국행 편지

겨울이 지나서·56 / 호흡, 열여덟 번·57 / 구멍엔·58 / 백일홍 연가·59 / 소중한 건·60 / 시간 역행·61 / 봉홧불·62 / 이 저녁·63 / 너의 죄를 사하노라·64 / 사랑이란?·65 / 천국행 편지·66 / 마지막 고백·67 / 산벚나무의 변태·68 / 인생이란?·69 / 나는 어싱족·70 / 백만 원짜리 네 잎 크로바·71 / 생존이라우·72 / 앙! 버텨·73 / 개미 밥·74 / 죽음 그 너머에·75

4부 참회

블랙홀·78 / 오르려 애써야 할·79 / 물속에 사는 돌·80 / 광대·81 / 참회·82 / 팬지·83 / 이미 봄·84 / 고해성사·85 / 직업병·86 / 연인과 부부의 차이·87 / UFO·88 / 꽃은 엄마다·89 / 사라의 웃음·90 / 혹세무민의 정치·91 / 올여름은·92 / 나목의 말·93 / 시인의 남편·94 / 복 많이 받으세요·95 / 내 이름은 산하·96 / 멈춘다면·97

추천사·98

* 1부

너는 나의 홀씨

신신당부

내 슬픔은 어디서부터 왔는지
밤새 투명한 도화지 위에
그대를 그려놓고 가셨군요
향기 진한 함소화 꽃 무더기 피워놓고 가셨군요
명심할게요
당신이 남겨 놓으신 그 뜻을.

배흘림기둥이 되다[*]

천 년 고목이 걸어와
천 년 사찰 기둥이 되었다
관세음보살의 손길이 닿았나
흘러내린 나뭇결마다
고해의 바다로 가는 뱃고동 소리 들려온다

---

[*] 사진 장소 : 부석사 무량수전

원형

나는 누구인가
어디로 가야 하는가
도무지 길을 알 수 없을 때
그림자를 돌아 보아라
뜨거운 심장 소리 들어 보아라

한의원에도 바다가 있다

엄마가 그리우면 나는 언제나
물속으로 뛰어들었다
굼실거리는 물속에 뛰어들면
저절로 아가미가 열렸다
먼 바다를 가로질러 온 혹등고래가 되었다

남자가 여자를 사랑할 때

이거 논두렁에서 어렵게 잡았어
먹을래?
다 먹으면 우리 사귀는 거다

연기대상 브라운 카펫

삶의 주인공은 신도 아니고
자식도 배우자도 부모도 아니다
브라운 카펫을 매일 수도 없이 밟고 있는 이,
바로 내가 모노드라마의 주인공이다

청어람(靑於藍)

나를 보내신 이
여러 해 모진 시련만 내게 주었네
왜 아프게만 하냐고 눈물로 따졌더니
말없이 가느다란 실달 앞에 세워 놓았네
하늘보다 더 푸르른 사람 되라고

호박꽃 엄마

우리 딸 무럭무럭 커서
시집갈 때까지
엄마는 곁에 꼭 붙어 있을거야
사랑해 우리 아가야

짝사랑

조금만 더 머물다 가세요

조금만 더 거닐다 가세요

서둘러 가버리신다면

남겨진 슬픔에 겨워

새벽이슬로 스러질지 몰라요

애주가의 휴가

여보 오늘은
술안주가 필요 없어
당신과 아이들이
즐겁게 노는 모습이
나에겐 최고의 안주야

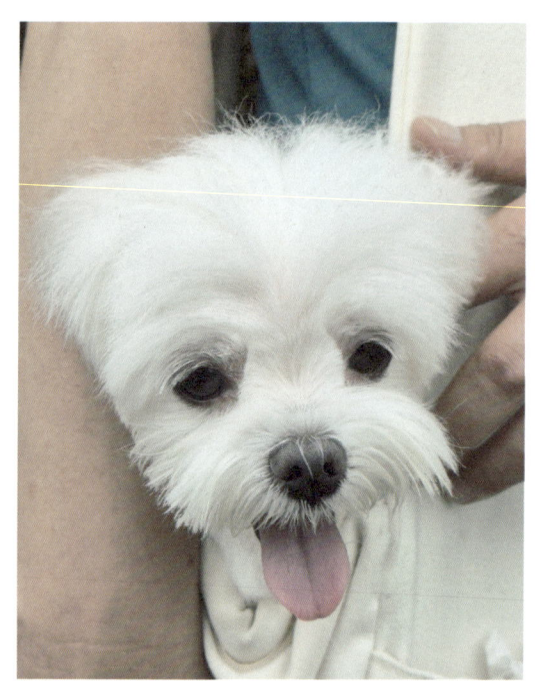

너는 나의 홀씨

들에서만 피는 줄 알았더니
오늘은 네가 홀씨로 피었구나
바람이 들로 산으로 데려가더라도
저녁이 되면 엄마 집으로 와~ 꼬옥

환생

찾았다
지붕 위로 던진 내 이빨
윗니 아랫니 어금니
깨끗이 양치하고는
꽃으로 피어났구나

끌어당김의 법칙

슬퍼하고만 있으니
슬퍼할 일이 많아지는 거야

남편의 재능

"여보 어떻게 그렇게 잘 찾아?"
"계속 보고 있으면 느낌이 와
그러면 틀림없이 거기에 있어"
"아하
그래서 그 많은 별 중에서 나를 찾았구나"

행복이란?

그렇게 좋으냐
네가 좋으니
나도 좋다

자식

때 되면 물 주고
종일 천으로 덮어놓아도
콩나물처럼 쑥쑥 잘 큰다면
백 명도 더 낳겠네

상처

어둠과 빛의

경계에 서 있는

너에게서

해 저문 저녁 내소사의 범종소리가 난다

끝 봄 시들어가는 리라꽃의 향기가 진동한다

그리운 어머니

어릴 적엔 어머니 뒷모습만
보고 따라 다녔습니다
자식새끼 입히고 먹이려고
쉼 없이 분주한
얼굴 잃는 나의 어머니.

붉은 소나무의 장례식

한때 나는 흘러가는 구름이 되고 싶었다
정지된 세월을 견디는 운명은
내겐 가혹했다
다음 생애엔 파란 하늘을 마음껏 누비는
당찬 동고비로 태어나련다

낙동강의 얼굴을 새기다

부용대 절벽 끝,
바람이 실을 뽑는다
한 올 한 올 선명한 천 리 길 여정,
굽이치는 운명에 이별만 하지말고
물비늘처럼 반짝이며 여기서 살아보이리

* 2부

봄이 오는 방법

봄이 오는 방법

그대에게 쌓인 어둠,
깨끗이 청소해 드리겠습니다
망설이지 말고 바로 전화 주십시오

꽃보다 더

꽃보다 더 예쁜 건
봄보다 더 기다려지던 건
첫 발을 떼며 햇살과 함께 쏟아져
내 품에 안겨오는 돌쟁이 아들이었다
평생 잊을 수 없는 첫사랑이었다

밤새 잘잤니

좋아하게 되면 다 그런 건가 봐
잠자리가 춥지는 않았는지
밥은 잘 먹고 있는지
어떤 놈 발에 채이지는 않았는지
자꾸만 자꾸만 걱정이 되어서 말야

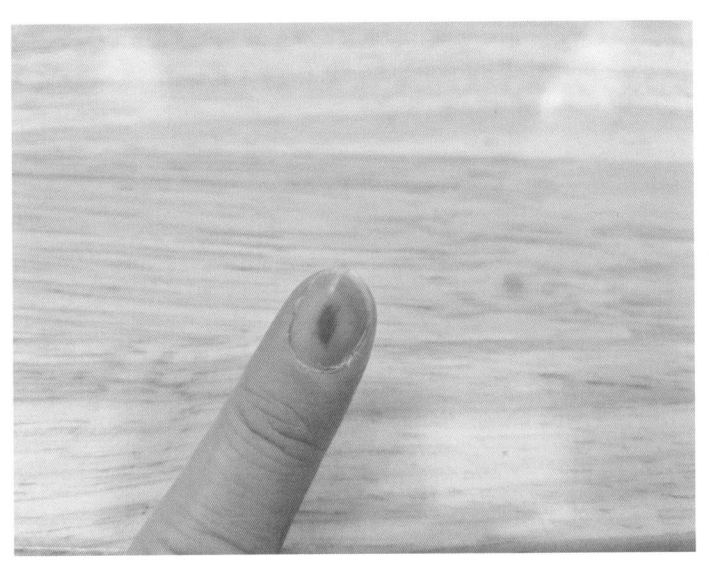

참을 수 없는

"많이 아팠겠다" 한 마디에 막힌 누공이 뚫렸다
눈물이 삐죽이 얼굴을 내밀었다
유리문에 찍힌 고통쯤은 참을 수 있는데
4월, 팽목항에서 불어오는 낡은 깃발의 울음소리는
참을 수 없이 아프게 저며온다

품다

넌 더 이상

썩어빠진 오물을 품은

시궁의 바닥이 아니다

방황하던 어린 민들레를 사랑스레 길러낸

생명의 근원, 부모의 마음이다

떼

허기진 갈매기들이 몰려왔다
중년의 여자가
친정 엄마를 만나 떼를 쓰는 것처럼,
갈매기도 알고 있었다
퍼내도 퍼내도 마르지 않을 화수분이
그대 가슴 속에 있다는 것을.

수평선은 곡선이다

봄의 바다는 할머니의 품이 된다
직선은 사라지고 곡선만 남아
지구의 푸른 숨을 투영하며
살아있는 모든 생명을 끌어안는다

스펙트럼

세상은 흑과 백이 아니다

세상은

사람과 사람 사이에서

끊임없이 방출되는

수십억 개의 빛, 그 빛의 향연이다

눈꽃 당신

꽃 피기 전 당신이 왔네요
내일이면 영영 떠날텐데
다시 만나 이별하기 싫어
창가에 서서 애달피 바라만 보네요

잘가 페르소나

누가 숲에 가면을 떨어뜨렸을까
넌 몇 개의 가면을 쓰고 살았니
사람들이 모두 가면을 벗고 살면
어떤 세상이 될까

괜찮아

괜찮아!
갈지자로 걸어도
zigzag로 걸어도
포기만 하지 않으면
끝까지 갈 수 있어

소포클레스의 비극

누가
남자들을
계단 끝으로
내몰았을까

파란 리본

길가에 버려진 쓰레기 한 조각
지나쳤는데 뇌리를 떠나지 않는다
어떤 기막힌 슬픔을 알리려고
길어깨에 총총히 누워있을까

끝없는 사명

매일 도로를 지키고 있어요
근처에 고속도로가 생기더니
이 길을 지나는 차가 터무니없이 줄었어요
온종일 기다린 날은요
속상하고 쓸쓸해서 막 눈물이 나던걸요

이슬

당신의 자비가 맺혔습니다
태양을 견디는 풀잎 위에
창공을 꿈꾸는 벌레의 숨결 위에
새벽을 깨우는 새의 머리 위에
그 누구도 목마르지 않도록 말입니다

아버지

주인을 기다리는 신발은
아버지의 마음이 된다
넘어져 다치지는 않았는지
날카로운 것에 베이지는 않았는지
담소를 주고받다가도 인기척에 귀를 세운다

황홀한 고백

내 마지막 날에
길 위에서 무엇을 느꼈냐고 신이 물었다
질주하던 짐승이 사방에 부딪히고 깎여
마침내 실다운 사람이 되었다고 말했다
황홀하고도 긴 숨, 이번 생은 축제였다

회귀본능으로

살아있는 나무에 드리운 그늘보다
죽어있는 나무에 머무는 햇살이
가던 걸음을 멈추게 한다
아아 누가 말했던가
생명의 목적은 죽음[*]이라고

---

* 지그문트 프로이트의 말

달의 집 태우다

얼마나 더 태워야

달의 손을 잡고

돌아갈 수 있을까

불꽃과 잿더미 사이엔 돌이킬 수 없는

이별의 흔적만이 선명하다

고비 사막 낙타

자식의 짐 대신 짊어지고
사막을 건너는 어머니여
어머니 등 위로
수많은 별이 내려앉았습니다

* 3부

천국행 편지

겨울이 지나서

나비가 된다면 그냥 좋겠어
너의 날개에
라벤더 향기가 가득할 거야
세상 모든 것이
다시 아름다워질 거야

호흡, 열여덟 번

중년이 되어 바다에 갔을 때
비로소 아무것도 하지 않았다
바다가 시키는 대로
밀물과 썰물의 호흡에 맞춰
그저 느꼈을 뿐

구멍엔

구멍엔 오래된 허기가 산다
처음엔 바람처럼 스쳐 지나갔다가
어느 날 저보다 더 창백한 눈물을 데리고 돌아왔다
허기와 눈물은 가난했던 어머니와 함께
운명처럼 어린 나를 길러냈다

백일홍 연가

비가 오면 나무는 몸부림치며 운다
구불거리는 손가락을 비틀며 운다
맨몸으로 임 가신 길 끌어안고
석 달 열흘,
심장을 태워 붉은 꽃등을 밝힌다

소중한 건

내 아들아 딸아
심장이 멎을 듯한 사랑이 찾아온다 해도
뜨겁게 사랑하다 어느 날 갑자기 떠난다 해도
너희의 동그라미는 처음과 같이 온전했으면 좋겠다
사랑 때문에 무너지는 동그라미가 되지는 말아라

시간 역행

엄마 하얀 손수건 왼쪽 가슴에 매달고
학교 갔던 그 날 기억나요?
어디를 가든 내 손을 꼭 잡아야 해요
앞으로 엄마의 시간은
거꾸로 흘러간대요

봉홧불

행여나 당신이 올까
오매불망 기다리다가
뿌리를 태워
하늘에 꽃불을 놓았습니다
꽃잎이 떨어지기 전에 혼저옵서예

이 저녁

가로등이 스위치를 켜자
황금빛 노을이 저녁을 불러 모았습니다
언니 아빠 오빠 엄마 사촌들 고모들 큰아빠,
외삼촌 외숙모 큰엄마 조카들 친구들 성당 사람들…
그리움이 밥상을 차려놓고 나를 애다게 부르고 있습니다

너의 죄를 사하노라

고소하고 부드러운 콩탕은
목구멍으로 내려가다가 저멀리
천국에 계신 할머니를 소환했다
"이쁜 내 새끼~ 애쓰느라 힘들지? 많이 먹어"
참았던 눈물 콧물 범벅이 되었다

사랑이란?

함께 잠든 순간조차 행복한 것

천국행 편지[*]

집으로 돌아가는 길목입니다

새까만 얼굴로 민들레처럼 웃으며

마중 나와 있던 아버지가 떠오릅니다

이젠 너무 멀어서 올 수 없으니 미안해하지 마세요

그리운 마음에 철든 시(詩)를 아버지께 먼저 보냅니다

---

* 사진 장소 : 정선 민둥산

마지막 고백

시계가 10시 44분에 멈췄다
나의 시간도 죽음의 선을 넘지 못하고
마지막 진자운동을 시작한다면
고마웠다 애들아 사랑한다 애들아
온몸으로 딸깍딸깍 사랑을 고백해야지

산벚나무의 변태

죽음에 다다른 순간
자신을 내려놓고
우주와의 찬란한
공생을 시작한다

인생이란?

나를 비추는 가로등도 있고
나에게 다정한 사람도 있어
새삼 부러울 것이 없는 길

나는 어싱족

굽 높은 신발을 벗고
뻔한 사회적 가면을 벗어 놓는다
발바닥이 부드럽고 강한 지구의 살갗을 어루만진다
백 개의 바람이 지구와 나를 엮어 멋진 풍등을 만든다
잠깐, 너희들 표정이 왜 그래 할 말 있니?

백만 원짜리 네 잎 크로바

임자~ 거시기
네 잎 크로바 찾아볼랑가
하나라도 찾아블믄
내가 임자한테 백만 원 줘 블랑게
고것이 있음 검나게 존일이 생개브다잖어

생존이라우

동무! 허황된 꿈은 잠시 접으라우

안개처럼 흩어질 사상보다는

발밑 굶주림이 먼저라우

오늘의 빵 한 조각 내일의 물 한 모금

이것이 우리에게 필요할 뿐이라우

앙! 버터

버터만 물고 있는다고 해서
낭만파 로맨티스트가 될 수 있다니

개미밥

움켜쥘수록 더 멀어지는 것 있네
내 것이었어도 내 것이 아닌 것 있네
죽음으로 떠나는 자 있고
죽음으로 사는 자 있네
그러니 내 세상이라고 착각하지 말게나

죽음 그 너머에

감금하고 숨통을 조였는데도
동결되지 않았다
뿌리를 제 몸에 내리고
눈물을 제 몸에 녹이고
끝까지 생명을 틔우는 넌

* 4부

참회

블랙홀

노래를 듣고 있었을 뿐인데
옛 기억이 소 떼처럼 몰려와
할퀴어 대더니 가슴 한복판에
커다란 블랙홀을 만들어 버렸다
서둘러 노래를 껐다

오르려 애써야 할

정복하기 위해 산을 오르는 사람들 틈에
삽을 들고 담담히 오르는 이 있다
그 이는 마른 뿌리에 젖은 흙을 덮어주고
발로 꼭꼭 눌러 봉긋한 정상을 만든다
사람이 진정 오르려 애써야 할 정상이나

물속에 사는 돌

모두가 중력을 거슬러 흐를 때
돌은 한 치도 흐르지 않는다
가장 낮은 허공에 적막으로 매달려 있을 뿐
찬연한 빛이 물에 떨어져 거친 파문을 일으키면
마침내, 돌은 뜨겁고 황홀하게 한 별을 바라보기 시작한다

광대

힘이 들어 비틀거리며 걸었다
비참한 상황에서도
밝고 싱그러운 모습의
너를 만났다
나약한 내가 미안해졌다

참회

아버지
제 욕심과 냉대로 아이의 빛을 꺼뜨렸습니다
등불 하나 지키지 못한 손끝이 어둠 속에 웅크리고 있습니다
밤하늘에 별을 가득 그려 넣어 빛을 다시 불러올 수만 있다면
손끝에 매달린 지문 하나라도 참회의 기도로 올리겠습니다

팬지

사랑하는 사람을 닮아가듯
사랑하는 나비를 닮아간 꽃

이미 봄

어디 숨어 피는지 찾을 수 없어
가장 낮은 데서도 찾을 수 없어
눈 감고 제비꽃 꽃 이파리 하나 그려본다
푸른 파도에 숲이 출렁이더니,
남색물결부전나비 한 쌍 날아오른다

고해성사

나는 고해성사를 받으러 버스에 오른다
제멋대로 살아 온 내가 착하고 답답한 사람을 만나
본성을 억누르고 저지른 죄, 폐소공포증을 고백한다
운전대를 잡은 신부님을 닮은 기사 아저씨가
내 죄를 사해주기 위해 있는 힘껏 페달을 밟는다

직업병

숲에 버려진 병조차 선뜻 줍지 못한다
내 손의 세균으로 환자가 감염될까
하루에도 수십 번 손을 씻어야 했다
밤낮이 바뀌더라도 환자의 시계에 맞춰야 했다
나는 플로렌스 나이팅게일, 당신의 간호사였으니까

연인과 부부의 차이

비가 온 다음 날
산을 내려오면서 알 수 있다
어떤 남자는 여자의 손을 끝까지 잡아주고
어떤 남자는 뒤도 돌아보지 않고 뛰어가면서
여자에게 한마디 외친다 "조심해~미끄럽다"

UFO

밤하늘에 어디에서 왔는지 알 수 없는
미확인 비행물체가 떠 있다
은하계 너머에서 건너온 저 물체는
사랑일까 외로움일까 그리움일까

꽃은 엄마다

죽음을 앞둔 꽃은
숙명처럼 나비를 기다린다
무더운 어느 날 지친 나비가 바람결에 안겨오면
꿀샘을 열어젖히고 잠잠히 젖을 물린다
꽃잎을 살랑이며 나비의 고단한 띰을 식혀준다

사라의 웃음

달이 스스로 추락하길 원했다
정치인들의 거짓말이
하늘을 비웃고 있었기 때문에
양심 잃은 2025년의 여름
성경에서 나온 사라가 달이 되었다

혹세무민의 정치

너 같은 돌멩이는 본 적이 없는데

솔직히 말해봐

우리 같은 편 아니지

올여름은

체감온도 50도라니요
이러다 구운 달걀 되겠어요
우리 땀 흐르는 거 보여요
제발 냉장고에 넣어 주세요
더워 죽겠어요

나목의 말

내가 죽어있다고 생각하니
빛을 쬐면서도 마음의 빛을 잃은
살아있으면서도 생각이 죽어있는
너희와는 달라 너무 많이 달라

시인의 남편

생전 너스레 떨 줄 모르던 남편이
일몰이 너무 곱다며 아내한테 전화를 했단다
시인인 아내 곁에서 삼 년 동안 시를 읊더니
무쇠 같던 남편이 부서지고 깨어지더래
고운 감빛 모래알이 되어 파도에 일렁이며 웃고 있더래

복 많이 받으세요

새해 첫날 아침
하얀 저고리 다홍색 치마 입고
언니들 손 잡고 큰 집에 세배 가던 꼬맹이,
덧없이 지천명을 맞았네

내 이름은 산하

나는 열다섯 살이에요
민둥산 거북이 쉼터에서 아저씨랑 아줌마랑 살아요
아저씨가 나를 좋아해서 나만 보면 "산하 산하" 해요
그런데 시간이 지날수록 내 마음이 기쁘지 않아요
다리가 아파서 절뚝거리고 있어요 무슨 일 일까요

멈춘다면

사람들은 힘이 들면
멈춰 선다
멈춰 서면 들리고 보이는
기적이 있다
바로 "지금 여기에 살아있음"이다

추천사·1

빛나는 의미를 붙잡아내는

세상에는 눈으로만 보는 풍경이 있고
마음으로 오래 안아내는 풍경이 있습니다.
간호사로 살아온 시간과 세 아이를 품고 길러낸 시간이
시인에게는 따뜻한 시선의 근육이 되었겠지요.
이번 디카시집을 펼치면 소중한 건 무엇인지
작은 사물 하나에도 결을 읽어내고
일상의 구석에서 빛나는 의미를 붙잡아내는
시인의 손길을 만납니다.
단순한 기록을 넘어 사진은 순간을 붙잡고
시는 순간을 영원으로 확장합니다.
그 두 갈래 길을 부드럽게 잇는
삶을 돌보는
또 하나의 방식이 될 것입니다.

소중한 건

우리가 살아가는 평범한 하루가
눈물겹게 아름답고 소중하며
사실은 기적임을
시인은 조용히 일깨워주고 있습니다.
깊이 있는 시선을 건네는 이 책은
따뜻한 사유와 쉼표가 되어줄 것입니다.

– 시인 김봄서

추천사·2

따뜻한 위로가 되기를

2024년 첫 시집 『헤어Hehr질 결심』으로
시의 여정을 시작한 김파란 시인이
어느새 두 번째로 디카시집
『나는 어싱족』을 세상에 내놓습니다.
한 장의 사진에 깃든 빛과 그림자,
그 위에 얹힌 짧은 시어가 깊은 울림을 건넵니다.
김파란 시인은 일상의 한순간을 포착하여
삶에 대한 사유와 성찰을 펼쳐 보입니다.
하수구 틈새에 핀 민들레에서
부모의 마음으로 읽어내고,
빠진 이빨을 꽃으로 환생시키는
시인의 상상력은 놀랍습니다.
블록 틈에서 생명을 키우는 한 포기 풀 앞에서
시인은 자신을 돌아봅니다.

사진과 언어가 만난 여든 편의 시는
사소한 것에서 존재의 근원을 찾고,
순간을 영원으로 바꾸는 기적을 보여줍니다.
김파란 시인의 두 번째 시집이
독자들에게도 깊은 사유의 마중물이자
따뜻한 위로가 되기를 바랍니다.

― 강원대 인문예술치료학과 박사과정 정새별

추천사·3

인상주의 화가의 그림을 보듯

시인의 시선이 머무르는 곳에서 시가 시작되어
오롯이 그 의미를 담아내기까지
시인의 깊은 성찰의 시간이 시가 되었다.
사진을 찍기 위해 걸음을 멈춰 서면서
사진을 깊이 있게 응시하면서
은유와 상징 속 의미들을 채굴하면서
시인은 무수히 서성거리고 머뭇거렸을
숙성의 시간을 보냈을 것이다.
켜켜이 쌓인 그 시간의 덮개 같은 시가
원천 자료인 사진과 함께 디카시로 왔다.
시를 읽으며 시가 말을 걸어오는
경험을 곳곳에서 할 수 있었다.
아마도 디카시에 자연과 가까운 가족
또 그들과 보내는 소소한 일상을
섬세하고 따듯하게 담아냈기 때문일 것이고
주변 사람들과 나눈 일상이 심해深海
원형으로 이어지기 때문일 것이다.

인상주의 화가의 그림을 보듯,
하루 중 어떤 시간, 일 년 중 어떤 계절,
어떤 상황과 감정들로 시집을 펼치느냐에 따라
때때로 시가 우리를 다른 장으로
이끌고 갈 것을 기대하게 한다.

— 강원대 인문예술치료학과 교수 정성미

추천사·4

함께 나눌 수 있어 정말 기쁩니다

 김파란 시인의 디카시집은 한 편 한 편에 진솔함과 깊은 사유가 담겨있습니다. 일상의 순간들을 포착하여 섬세하게 그려낸 점이 특히 인상적이에요. 시의 제목과 내용이 절묘하게 어우러져 독자에게 깊은 울림을 전합니다.

「신신당부」에는 그리움과 상실의 감정을 아름답게 표현하고 있습니다. "밤새 투명한 도화지 위에 그대를 그려놓고 가셨군요"라는 구절은 떠나간 이를 밤새도록 그리워하며 그의 모습을 마음속에 되새기는 화자의 애틋한 마음을 보여줍니다.

「직업병」에서는 시인의 본업인 간호사의 헌신적인 삶을 아름답게 그렸습니다. 숲에 버려진 병조차 줍지 못하는 모습에서 직업적 책임감이 몸에 밴 습관을 엿볼 수 있죠. "하루에도 수십 번 손을 씻어야 했다"와 "환자의 시계에 맞춰야 했다"는 표현은 자신보다 환자를 우선시하는 간호사의 희생을 생생하게 보여줍니다.

 마지막 문장인 "나는 플로렌스 나이팅게일 당신의 간호사였으니까"는 단순한 직업을 넘어선 사명감과 긍지를 느끼게 합니다.

「고비 사막 낙타」는 어머니의 희생을, 「멈춘다면」은 바쁜 생활 속에서 잠시 멈췄을 때 비로소 발견하는 삶의 진정한 의미를 담아냈습니다. 「내 이름은 산하」는 인간의 욕심 때문에 고통받는 동물의 슬픔을 섬세하게 담아냈습니다.

김파란 시인은 남과 여, 어머니와 아버지, 할머니와 자식, 남편과 아들, 딸에 대한 그리움과 사랑을 노래합니다. 또한 인생과 사물, 자연과 사계에 대한 깊은 통찰, 삶과 죽음에 대한 순리와 참회까지, 이 모든 것을 사진과 짧은 시로 시집 한 권에 오롯이 담아냈습니다.

평범한 순간들이 시인의 눈을 거쳐 아름다운 언어로 재탄생하는 모습은 경이롭습니다. 이 훌륭한 작품들을 함께 나눌 수 있어 정말 기쁩니다. 디카시는 예술을 향유하고 싶은 모든 이에게 열려있고, 창작의 길을 열어줍니다. 디카 사진을 찍어 갤러리에 저장만 하던 독자들도 이 시집을 읽고 짧은 시를 구상하게 될 거예요.

― 시인 한상대

나는 어싱족

펴낸날 2025년 11월 10일

지은이 김파란
펴낸이 주계수 | **편집책임** 이슬기
교정 편집 이한비 | **꾸민이** 최송아

펴낸곳 밥북 | **출판등록** 제 2014-000085 호
주소 서울특별시 마포구 양화로 156 LG팰리스빌딩 917호
전화 02-6925-0370 | **팩스** 02-6925-0380
홈페이지 www.bobbook.co.kr | **이메일** bobbook@hanmail.net

ⓒ 김파란, 2025.
ISBN 979-11-7223-122-4 (03810)

※ 이 책은 저작권법에 따라 보호받는 저작물이므로 무단전재와 복제를 금합니다.
※ 이 책은 강원특별자치도, 강원문화재단의 후원으로 발간되었습니다.